강신도 누리가의
그리움입니다

누군가의 가슴에 **꽃**으로 사는 당신

누군가의 가슴에 꽃으로 사는 당신

초판 1쇄 발행 2023년 11월 09일
　2쇄 발행 2023년 11월 21일

지은이 전경섭
펴낸이 장현수
펴낸곳 메이킹북스
출판등록 제 2019-000010호

표지제작 이정순(글씨양판점 대표)

디자인 최미영
편집 최미영
교정 강인영
마케팅 김소형

주소 서울특별시 구로구 경인로 661, 핀포인트타워 912-914호
전화 02-2135-5086
팩스 02-2135-5087
이메일 making_books@naver.com
홈페이지 www.makingbooks.co.kr

ISBN 979-11-6791-447-7(03810)
값 11,000원

ⓒ 전경섭 2023 Printed in Korea

잘못된 책은 구입하신 곳에서 바꾸어 드립니다.
이 책의 전부 또는 일부 내용을 재사용하려면 사전에 저작권자와 펴낸곳의 동의를 받아야 합니다.

홈페이지 바로가기

메이킹북스는 저자님의 소중한 투고 원고를 기다립니다.
출간에 대한 관심이 있으신 분은 making_books@naver.com로 보내 주세요.

전경섭 스페셜 에디션

누군가의 가슴에 **꽃**으로 사는 당신

메이킹북스

사랑하는 독자분들께!

2023년의 첫날이 엊그제 같은데
어느덧 두 달이 채 남지 않았네요.

멈추지 않는 시간은
떠나는 계절처럼

늘 우리에게
그리움과 아쉬움을
동시에 전해주는 듯합니다.

지금부터 간략하게
4편에 대해 말씀드리자면

신작시 25편을 포함하여
1~3편까지 여러분께 사랑받았던 시들만을 엄선하여
이별 직후부터 시간 속 그리움이 피고 지는 과정들을
스페셜 에디션으로 구성해 보았습니다.

아울러,
그동안 과분한 사랑을 주셨던 여러분께
작은 보답이라도 하기 위해

가격은 최대한 낮추되
가치는 최대한 높이도록
최선을 다하였습니다.

마지막으로
출판업계의 힘든 상황 속에서도
저를 믿고 4편 스페셜 에디션 출간을
적극적으로 지지해 주신 메이킹북스 장현수 대표님께
고맙다는 말씀을 전합니다.

오늘도

당신만을
그리워하는

한 사람이
전합니다.

잘 지내냐고
많이 보고 싶다고

그리고

여전히...

누군가의 가슴에
꽃으로 사는 당신께

"사랑해"

하늘에
말을 하고

지나는
바람에
실어 보낸다

너의 볼에
스쳐 가는
바람에도

나를
기억할 수
있게

바램

제가 쓰는 이 글은
오직 그댈 위한 것입니다

그대 닮은 단어로
하나하나 엮어

마지막 남은 사랑으로
문장을 수놓았으니까요

언젠가 이 글이
그대에게 닿을 때 즈음

그대 마음 닳고 닳아
저를 기억하지 못하더라도

저는 괜찮습니다
함께였고 사랑했고
행복했기에

괜찮습니다 그대니까요

목차

사랑하는 독자분들께!	6
바램	10
괜찮습니다 그대니까요	11

제1장 보고 싶다

닿을 수 없기에	22
바람인 듯 스며들다	23
기다림	24
비화(悲花)	25
눈물의 의미	26
아픈 이유	27
시린 이유	28
여전히	29
그대만으로	30
i miss YOU	31
지울 수 없기에	32

참회	33
변함없이	34
그대 보고픈 날이면	35
꽃잎	36
할 수 있다면	37
쌓여 가다	38
기도(祈禱)	39
보고 싶어서	40
그대가 내리다	41
달빛 연가	42
가을 햇살 내리면	43
눈물 꽃	44
가을이 그대라면	45
꿈에라도	46
그리운 이유	47
이제는	48
퇴색	49
떠난 자리	50
오늘도	51
하늘	52
노을 연가	53
노을 연가 2	54

그리움 품은 하늘	55
어느 날 문득	56
홀로 남겨지다	57
눈물	58
나쁜 사람	59
세상은 내 안에 있기에	60
후회	61
추억	62
함께이고 싶어서	63
못다 한 사랑은 그리움만 남기고	64
달빛 사랑	65
사랑니	66
헤어진 후에	67
비마저 더해지다	68
짧은 사랑 긴 이별	69
시간이 짙어 갈수록	70
사진을 보다가	71
이별 후	72
백야(白夜)	73
함께 있으면 좋을 사람	74
하루 더 이별	75
같은 사랑 다른 이별	76

회상	77
비 내리는 날이면	78
세월이 흐르면	79
보고 싶은 밤	80
깊어가다	81
바다에 서서	82
그대 떠났어도	84
빗물	85
추억은 짙어져 가고	86
그대를 잊기 위해	87
봄날	88
그리워 내리다	89
아픔도 기억되어 멈춰지면	90
빈자리	91
너의 집 앞	92
지워 가다	94
또 한 번 이별이 오지 못하게	95
그 사람처럼	96
마지막 너를 보내며	98
계절의 문턱에서	100
이별	101
가슴에 피는 꽃	102

이별 2	103
부탁	104
사랑이란 건	105
사랑은…	106
비화(飛花)	107
산다는 건	108
내 삶은 한 번뿐이라서	109
나를 위한 기도	110
만일 내가 그립다면	112
잘 가요 그대…	113

제2장 신작 시 모음

첫사랑	116
그댈 꿈꾸다	117
"보고 싶었다" 전할 날을 기다리며	
- 돌아서면 보고 싶은 그대	118
욕심 없는 사랑	120
이별의 시작	121
이대로 떠나가면	122

감출 수 없는 마음
- 준희퀸 아티스트님의 작품과 콜라보 시   123

원망(怨望)   124

추억의 빈자리   125

그리움 꽃   126

남겨진 그리움   128

시간을 거닐다   129

남겨진 사랑   130

바닷가에서   132

마지막 선물   133

사랑이 지난 후   134

내가 그리운 날이면   135

초련(初戀)   136

한 번뿐인 삶   137

세상은 그대로인데   138

삶을 되돌아보니   140

사랑은 베푸는 것   141

최선을 다하는 이유   142

제3장 헌시

영웅을 그리며
- 현충일 기념 헌시 146
사는 이유가 그대라서 148
마음만 함께라면 150
당신도 누군가의 그리움입니다 152
그댈 위한 시 154

Special Edition

제1장

가슴
설레었지만

이제는

가슴 아픈
네 글자

보고 싶다

같은
시간을 살지만

다른
공간에 있기에

늘
그대가
그립다

○ ○ ○ ○ ○ ○
닿을 수 없기에

머릿결을
스쳐간 건 바람인데

가슴속에
스며든 건 그대더라

바람인 듯 스며들다

별은
지지 않는다

다시
내려앉을

어둠을
기다릴 뿐

기다림

피는 건 한순간
지는 건 한평생

시들지 않는 꽃
그대

비화(悲花)

떠날 너의
그 눈물은

날 위한
마지막 눈물
이겠지만

남은 나의
이 눈물은

널 향한
눈물의 시작
이었다

눈물의 의미

떠나는 사람보다
남겨진 사람이
더 슬픈 건

사랑에서
길을 잃었기
때문이다

꼭 어린아이가
수많은 사람들
속에서

엄마의 손을
놓친 것처럼

아픈 이유

이별 뒤
가슴 시린 건

사랑이
식어 가기 때문이야

시린 이유

그리워
하지 말자고

그렇게
다짐했건만

예쁘고
맛있는 것만 봐도
네가 생각나

오늘도
바보처럼
난

여전히

너를 잊으려
노력했다

하지만
나의 하루만
지워져 갔다

네 생각만으로

그대만으로

자꾸만
그대가 미워집니다

보고 싶은 만큼
미워집니다

하지만
미움마저 사랑입니다

여전히
사랑하는
그대니까요

° ° ° ° ° ° °
i miss YOU

잊혀지지 않음에
새겨둬야겠지

너라는 사람
비워 낼 수
없기에

˚ ˚ ˚ ˚ ˚ ˚
지울 수 없기에

그대
없으면

단 하루도
살 수 없다
했는데

나
오늘도

그댈
그리며
살아가

거짓말한 죄
달게 받으며

참회

사랑해

함께인 그때도
혼자인 지금도

그대를
그렇게

　　　　　　　　　　　　　　˚ ˚ ˚ ˚
　　　　　　　　　　　　　　변함없이

바람 한 점
없는 날에도

흔들
리는 건

그대 향한
내 그리움
이더라

　　　° ° ° ° ° ° ° °
　　그대 보고픈 날이면

내리는
꽃잎이

그대인 줄
알았는데

하루 더
멀어져 가는

세월이더라

꽃잎

사랑했던
시간만큼

잊혀지는 시간도
같았으면 좋겠다

사랑보다
진한 것은

그리움이란 걸
잘 알기에

○ ○ ○ ○ ○
할 수 있다면

꽃이
진다고

어찌
그댈 잊으리오

흩날리는
꽃잎 되어

평생을
가슴에 내리는데

쌓여 가다

잊혀지게
해 달라고
기도하지만

이어지게
해 달라는
그 마음들만

기도(祈禱)

그대 그리워
바라본 하늘은

늘 뿌옇게
흐려져 있었다

항상
눈물이 먼저

두 눈을
가렸었기에

　　　˚ ˚ ˚ ˚ ˚
　　보고 싶어서

별빛
흐르는
달빛 아래

하얗게
내리는
꽃잎이

너라는 걸

가슴이
아파 알았다

그대가 내리다

별빛 너머
흐르는

달빛이
아름다워

시 한 편
고이 접어

밤하늘에
띄운다

흐르는
달빛 따라

그대 머문 그곳에
그리운 내 마음
닿길 바라며

달빛 연가

가을 햇살 눈부시고
그대만이 그리운 날

보고픔도 내 사랑도
저 하늘에 띄울게요

내리는 햇살 가득
그대에게 스며들어

그리운 내 마음
안겨 쉴 수 있도록

가을 햇살 내리면

깊어 가는
가을 아래

그대가 불고
추억이 내리면

그리움
꽃 한 송이
그대 그리워

하루 더
눈물 채워
고갤 떨군다

˚ ˚ ˚
눈 물 꽃

코스모스
향기 가득

가슴 깊이
스며드니

떠난 그대
오실 듯한

그대 향기
물든 가을

가을이 그대라면

영원할 수 없기에
영원을 꿈꾸고

그대 곁에 없기에
그대를 꿈꾼다

오늘도

꿈에라도

그대와 나
아름다운 꽃으로
피어났지만

다른
계절에
살기에

늘
그대가
그립나 봅니다

그리운 이유

햇살이
좋아서

그대
생각이 났습니다

이제는
그리워

할 수밖에
없기에

이제는

사랑한 우리는
이별 안에

그리운 그대는
눈물 안에

함께한 날들은
추억 안에

점점 세월에
희미해져 가는

안타까운 두 글자

"우리"

퇴색

꽃으로
내게 와서

필 수 없는
열매 되어

추억으로
무르익다

보고 싶은
그대

떠난 자리

사랑이
아픈 건

여전히
사랑하기
때문입니다

이별 안에서
그대를

○ ○ ○
오늘도

그대만
사랑하게
해 달라고

하늘에
기도했더니

헤어진 지금도
그대만 사랑하고
있나 봐요

무심한 하늘은
이별이 온지도
모른 채

그대만
사랑하게 하네요

오늘도

하 늘

노을
지는 하늘에

그리움 하나
눈물 하나

더하니

그대가
되네요

˚ ˚ ˚ ˚
노을 연가

그대
그리워
바라본 하늘에

보고픈
내 마음
붉게 전해져

눈물로 흐려진
분홍빛 노을이
되네요

노을 연가 2

낮과 밤의
경계에서

붉게
띤 노을은

닿지 못한
아쉬움이 젖어든

하늘의
그리움입니다

그리움 품은 하늘

문득
생각나는 건

사랑했기
때문이고

문득
눈물 나는 건

여전히
사랑하기
때문입니다

어느 날 문득

그대가
그리움이라면

저는
추억인가 봅니다

세월 따라
그리움은
흩어지지만

세월 가도
추억만은
남겨지니까

오늘도
혼자인 나처럼

홀로 남겨지다

눈물 안에
그대 있어

자꾸만
눈물이
나는가 봐요

보고 싶어서
안고 싶어서

눈물

평생 사랑하며 살자더니
평생 추억하며 살게 하는
그대는 나쁜 사람이네요

하루는 그대 생각에
하루는 그때 생각에

또 오늘과
아프게 이별합니다

그리움마저 떠나는 날
그댈 만나 행복했다고

그대여서 고마웠다고
웃으며 보내 줄게요

아직은 그대 생각에
세상은 눈물로
흐려지니까요

○ ○ ○ ○
나쁜 사람

살고 있는
지금이

아름답지
않은 건

세상이
변해서가 아니라

내 마음이
아파서겠지

세상은 내 안에 있기에

함께한
날들이

그리움이
될 줄 알았더라면

조금만 더
사랑할걸

후회만
가득한 지금

날 보며
웃음 짓던
그대가 불어온다

텅 빈 나의
가슴 안으로

후회

사랑할 땐
함께한 추억에 웃고

사랑 후엔
함께한 추억에 울고

추억

눈부신
햇살이

나를 향해
비추지만

그늘진
제 마음은

오늘도
그대만 향하네요

햇살보다
추억이

가슴에
먼저 닿았기에

○ ○ ○ ○ ○ ○ ○
함께이고 싶어서

무심한
세월은

덧없이
흘러만 가고

하루 더
그대와

멀어져
가는 지금

눈물은 참겠는데
그리움은 어찌하니...

못다 한 사랑은 그리움만 남기고

어두운 밤
홀로 뜬 달이

외롭다고
여기지 마라

오늘도
뜬 눈으로

사랑하는 이의
길목을

밝혀 주고
있는 것이니

달빛 사랑

이가 아파
밤을 지새운
적이 있다

적막함 속에
이리저리 몸을
뒤척이며

숨죽여 앓고 앓다
지쳐 잠이 들곤
했다

내겐
네가 그렇다

생각만으로
세상은 아파오니까

사랑니

이별하며
가슴 무너지던 날

두 눈에
눈물 가려

그대를
볼 수 없었습니다

나 이제
그대 그리워도
눈물짓지 않습니다

그대의 기억마저
눈물에 가려질까
두렵기 때문입니다

헤어진 후에

비가 내려
네가 보고
싶은 것이 아니었다

비가 내려
네가 더 보고
싶었던 거지

하루도
네가 보고 싶지
않은 적이 없었다

널
잃었지만
잊지는 못하였기에

비마저 더해지다

사랑할 때보다
이별의 여운이
긴 이유는

더 이상
사랑할 수
없는 사람의

그리움과
사랑하기
때문입니다

○ ○ ○ ○ ○ ○ ○
짧은 사랑 긴 이별

하루 더
세월은
짙어져 가고

하루 더
그대는
가슴에 새겨진다

아픔이란
두 글자로

시간이 짙어 갈수록

멍하니
사진을 보다
울컥 눈물 나는 이유는

쌓여진 먼지만큼
세월이 흘러서가
아닙니다

닿지 못해 액자만
닦고 있는 제 모습이
서글퍼서입니다

오늘도
하루 더 멀어져 가며
이별만 쌓여 갑니다

그대
없는 빈 하루와
희뿌연 그리움만이

사진을 보다가

보고 싶은데
볼 수 없고

홀로 그댈
사랑하는 일

익숙하지
않은 것들이
익숙해질 때

점점
짙어져 가는
이별이더라

이별 후

꽃이 피고 지고
달이 뜨고 져도

그대는 제게서
저물지 않습니다

마치 백야를
만난 것처럼

지지 않는
그리움으로

텅 빈 하루를
비춰 주니까요

백야(白夜)

잊혀질 듯
이어지는

기억들이
그리움이라면

희미한 듯
새겨지는

추억들이
애절함이라면

비워질 듯
채워지는
내 사랑은

그대라고
쓰여진다

함께 있으면 좋을 사람

스쳐가는 바람결에
떠나가는 구름처럼

흘러가는 세월 속에
멀어지는 그대라서

파란 하늘 그리움만
하염없이 흩날리고

쓸쓸하게 부는 바람
그대인 듯 스며든다

하루 더 이별

남은
사랑마저

아픔 없는
추억되어
멈춰지면

그때 나
사랑했다
말할게요

아직은
세월보다
느린 마음이

그대에게로
향하니까

같은 사랑 다른 이별

그대여서
설렜던 좋은 날

그대여서
행복했던 그런 날

모든 순간이
처음이었다

노을빛 내리는
이별까지도

그래도
행복했었다

눈부신
그대였기에

회상

지우고
또 지운다

창가에 내린
성에처럼

다시 또 그대는
가슴에 내려앉고

지우면 지울수록
채워지는 그대 그리움

비 내리는 날이면

불어오는 바람에
흔들리는 이유는

제자리로
돌아가기 위함이고

사랑이
지난 후에 아픈 것은

그대 없던 그때로
돌아가기 위함인 것을

오늘도
그대는 불어오지만
언젠가는 멈춰지리라

세월 안에
빛바랜 추억으로

◦ ◦ ◦ ◦ ◦ ◦ ◦
세월이 흐르면

더 이상 그대
볼 수 없지만

그리운 날
추억하라고

그리도
고운 미소
남기셨나요

아직도
그 모습
선명하기만 한데

참 보고 싶습니다

잠 못 드는
오늘 같은
밤이면

보고 싶은 밤

흐르는 강물은
드넓은 바다로
향해 가지만

그대 향한
제 마음은
고인 듯 맴돌며

이별의 깊이만
더해 갑니다

세월의
흐름만큼

깊어가다

쏟아지는 햇살에
파란 하늘 바라보면
따뜻했던 그대 눈빛
가슴 안에 차오르고

밀려오는 파도에
바닷소리 부서지면
나지막한 그대 음성
내 귓가에 들려온다

불어오는 바람이
나의 볼을 스칠 때면
자그마한 그대 손길

온몸으로 느껴지고
같은 시간 다른 삶을
살아가는 우리지만

이제는 더 이상
떠올리지 않아도
그대를 그릴 수 있다

아름다운
풍경만으로

바다에 서서

돌아갈 수 없기에
슬프단 걸

알면서도
그대인 난

오늘도 사랑해
여전히 그대라서

　　　　　˚　˚　˚　˚　˚　˚
　　　　　그대 떠났어도

널 사랑하며
비를 좋아하게 되었다

넌 항상 비가 오면
고갤 들어 하늘을 보곤 했지

그런 네 모습이
참 예뻤다

너 떠난 지금
창밖에 비가 내린다

지금쯤 같은 하늘
보고 있을 네게 전한다

많이 보고 싶다고
여전히 사랑한다고

빗물

눈물이
앞을 가려

이별인 줄
알았고

시간이
우릴 가려

점점 추억이
되어 갑니다

더 이상
사랑할 수 없는
우리는

　　　　　　　　　ㆍ ㆍ ㆍ ㆍ ㆍ ㆍ ㆍ ㆍ ㆍ
추억은 짙어져 가고

언제부턴가
그대 그리워도

하늘을
보지 않는 건

내리는 햇살만큼
그리움에 젖을까
두려워서입니다

그리워한들
보고파 한들

이미
우리 사랑은

바람처럼
흩어진 후니까

· · · · · · ·
그대를 잊기 위해

그대 떠난 이 계절

봄바람 불어도
그립지 않은 건

그대가 불어오기
때문입니다

봄날

안팎의
기온 차가 크면

창가에
성에가 내리듯

햇살이 따뜻해
시린 제 가슴에

그대가
내리나 봅니다

닦아도
지워도

다시 또
내려앉는
성에처럼

그리워 내리다

흐르는
세월 따라

오늘도 그대와
멀어져 가지만

우리 사랑
피고 진 이 계절에

그리운 추억 하나
새겨 둬야지

오랜 시간 흘러
문득 그대 그리운 날
웃으며 기억할 수 있게

비록 지금은
그대 생각에
눈물 나지만

아픔도 기억되어 멈춰지면

스치는 바람에
네 향기 담겨 있어

가던
걸음 멈추고

널 가슴에
안아 본다

세상은
너 하나로
가득한데

정작
내 곁에만

너는 없다

빈자리

매일
바래다주던 이 길
오랜만에 걸어 본다

너의
집 앞 골목길
희미한 가로등 그대로인데

손잡고
미소 짓던
너는 어디로

지겹기까지
했던 이 길을

서글픈
그리움 되어
찾을 줄 몰랐다

우두커니
너의 창문 바라보다
걸어온 길 되돌아간다

지겹던 이 길을
함께이고 싶은
이 길을

너의 집 앞

너를 잊기 위해
내가 할 수 있는 건

너 없는 거리를 거닐고
너 없는 곳에서 식사를 하고
너 없는 하루와 이별하는 것

그렇게 널
하루하루

보내 주는 것

지워 가다

꿈에서라도
우리

만나지
말아요

꿈에서
깨면

또 한 번
이별이니까

　˚　˚　˚　˚　˚　˚　˚　˚　˚　˚
또 한 번 이별이 오지 못하게

저도 당신께
특별한 사람이고
싶습니다

아침에
일어나면
제일 먼저 생각나는

맛있는
음식이 있으면
나눠 먹고 싶은

생각만 해도
절로 미소 나는
그런 사람이고 싶습니다

하루하루
잊혀지는 사람이 아닌

하루하루
새겨지는 사람으로

그대 곁에
머물고 싶습니다

그대 곁에
그 사람처럼

그 사람처럼

여전히 예쁘더라
아이 손을 마주 잡은
네 모습도

세월은 흘렀지만
가녀린 네 모습은
시간마저 비켜간 듯
눈부시기만 하다

행복할 수 없어
나를 떠나갔지만
행복한 네 모습을 보니
마음이 놓인다

다른 이의 사람이 된 우리
눈인사로 작별하며
같은 시간 다른 삶을
살아가겠지

행복해라
그때 그 사랑
그대 그 삶이
빛나도록

　　　　˚　˚　˚　˚　˚　˚　˚　˚
　　　마지막 너를 보내며

다가오는
겨울의 문턱에서

저물어 가는
가을의 끝자락은

늘
서글프기만 하다

잡을 수 없기에
보낼 수밖에 없는

하루 더 멀어지는
그대라는 사람처럼

계절의 문턱에서

이별의 끝은

그대를
잊는 것이
아니라

그대가
생각나도
아프지 않을 때겠죠

내 마음이

이별

홀로
피어 아프고

절로
져서 서글픈

너의 이름은
그리움이다

가슴에 피는 꽃

이별은
늘 두 번 하지

그 사람과 헤어질 때
그 사랑이 잊혀질 때

이별 2

사랑아

다시
내게 올 땐
이별은 두고 와

이별
없는 사랑
평생 할 수 있게

부탁

우리는
사랑받기 위해
태어났지만

끝내는
주지 못 해
아픈 것이

사랑이더라

사랑이란 건

사랑할 땐
더 많은 사랑을
주지 못해 안타깝고

사랑 후엔
남겨진 사랑을
줄 수 없어 안타깝다

　　　　　　　　　　　　　　　　　　　　°　°　°
　　　　　　　　　　　　　　　　　　사랑은…

사랑받지 못해
점점 시들어 가는

세월에 떨어질
그리움 한 송이

비화(飛花)

사람이 아파
고독을 택했더니

사랑이 그리워
추억을 붙잡더라

산다는 건

깊어 가는
가을은
아름답지만

떠나가는
세월이라
늘 안타깝다

잡을 수 없기에
보내야만 하는
계절이지만

돌아오는 이 계절에
나만 홀로 없을까 봐
돌아보고 또 돌아본다

내 삶은
영원할 수 없기에

내 삶은 한 번뿐이라서

아직은
새로운 오늘과
마주하지만

언젠가
마지막이 될
오늘을 맞이하겠지

끝을 향해
끌려가는
삶이 아닌

꿈을 향해
다가서는
내가 되길

먼 훗날
자꾸만 눈이
감기려 할 때

잘 살았다
미소 지으며
잠들 수 있게

영원 속으로

나를 위한 기도

혹시
나 먼저
이 세상 떠나거든

내가 그리운 날엔
남겨진 글들을
읽어봐요

모든 글 안엔
내 마음 떠나지 않고
그대로 남았으니

˚ ˚ ˚ ˚ ˚ ˚ ˚ ˚ ˚
만일 내가 그립다면

차가운 땅 아래
누워 있는 내 사람아

따뜻한 온기로
그댈 안아 주고 싶지만

그럴 수 없기에
눈물로 땅을 적신다

뜨거운 눈물이
그대에게 스며들어

나만을 그리워할
그대 감싸 주기를

너무나 보고 싶다

다시 못 볼
내 사람아

잘 가요 그대…

Special Edition

아름다운 경음악과 함께
신작시를 감상하고 싶으신
독자분께서는

네이버 밴드로 이동하신 후
#그댈위한시 검색을 하시어
방문 부탁드립니다.

더욱 더
진한 감성으로
시를 감상하실 수 있습니다.

제2장

첫사랑
그리고 살아간다는 건…

신작 시 모음

저를
설레게 하고
저미게 하는

당신은 대체
어떤 사람일까요

하지만
하나만은 알겠습니다

평생
처음이란 단어로

제 가슴에
새겨질 사람
당신이란 걸

첫사랑의
시작이었으니

첫사랑

어젯밤
꿈에

날
만났다는 너

부끄러운 듯
미소 지으며

말하는
네가

내 꿈이란 걸
너는 알기나 할까

○ ○ ○ ○ ○
그댈 꿈꾸다

비록
볼 수 없지만

생각만으로
행복한 사람이
있습니다

다른 공간에
있지만

함께인 듯
느껴지는 사람이
있습니다
내리는 햇살에도
불어오는 바람에도

그대 마음
온전히 전해
지니까요

오늘도
그리워

하루 더
새겨 봅니다

그대란 사람
사랑이란 두 글자로

- 돌아서면 보고 싶은 그대
"보고 싶었다" 전할 날을 기다리며

사랑은
줘도 주어도
끝이 없는 것

때론
사랑받지 못해
슬프기도 하지만

이 또한
사랑입니다

욕심은
이별의 시작이란 걸

누구보다
잘 알기에

욕심 없는 사랑

진정한
사랑은

나로부터
시작되고

나로 인해
끝나더라

더 주지 못해
안타까워
하던 내가

더 받지 못해
안타까워하는
내가 되었을 때

이별만
내 곁에 남았으니

이별의 시작

돌아보고
또 돌아본다

돌아선 그대
다시 돌아올까 봐

이대로
그대 떠나가면

평생
그대 없는
그리움과

사랑해야
할 나이기에

이대로 떠나가면

가리고 가려도
가릴 수 없는
내 마음이

다시 또
네게로 향한다

이별은
늘 홀로 빛나

내려앉는 아픔을
숨길 수가 없구나

그대
없는 난

* 콜라보 작품 감상하실 곳

www.instagram@official.junheequeen

– 준희퀸 아티스트님의 작품과 콜라보 시*
감출 수 없는 마음

함께한
시간만큼
시련을 주시지

왜
마음 준만큼
아픔을 주십니까

사랑의
깊이를
알 수 없어

하루 더
가슴만
내려앉습니다

끝 모를
이별 속으로

원망(怨望)

지난 시간
그리움 되어

텅 빈 가슴
채우지만

떠난 그대
빈자리는

세월에
남아

채워지지
않는

사랑으로
바래져 가네요

오늘도 그렇게

추억의 빈자리

얕은
바람에

힘없이
흔들리는
너를 보니

함께 듣던
노래에도
눈물짓는

나약한
나를 닮았구나

보고 싶은 만큼
그댈 사랑할 수
있다면

남은 내 삶이
부족할 것만
같다

눈 감아도 이어질
그대 그리움일
테니

그리움 꽃

태우고
태워도

남겨진
잿빛 그리움

바람에 실려
세월에 남아

다시 또
내 안에

그대로
내려앉네

남겨진 그리움

기다리지 않아도
밀려드는 파도처럼

떠올리지 않아도
그려지는 그대처럼

시간의
흐름이 전해지는
지금 여기

바다에 서서

시간을 거닐다

사진 속
우린

서로를 꼭
안고 있지만

그대
떠난 지금

함께한
추억만

덩그러니
홀로 안고
살아가네요

여전히
바래지 않는
마음은

닿을 수
없는 그대만
사랑합니다

사진 속
그날처럼

남겨진 사랑

부서지는
파도에

가슴 베여

그리움
파고드는

시린
바닷가

그대에 잠기다

바닷가에서

평생 이어질 그리움
모두 담을 수 있다면

오늘에
두고 갈 텐데

내 남은 삶에
스며 있어

사는 동안
전 그대인가 봐요

시린 그리움
가슴 베어도
사랑합니다

그대
내게 준
마지막 선물이기에

○ ○ ○ ○ ○
마지막 선물

닿을 듯
보이는 하늘이지만

사는 동안
단 한 번도
만질 수 없고

시간 흘러
마주하고
있는 그대지만

이제는 내 것일 수
없는 그대 마음

홀로 사랑하며
홀로 이별하는

세월에 지워질
가슴 아픈 그대 앓이

사랑이 지난 후

이제
그대 생각나도
아프지 않지만

가끔
함께한 그때가
그립기도 합니다

행복했던 내가
그리운 날에는

내가 그리운 날이면

설렘 담은
첫눈처럼

내 안에
스며들어

세월 속
녹고 녹아

그리움으로
피어나는 꽃

초련(初戀)

계절은 가고 또 오고
꽃은 또 피고 지지만

반복되는
듯한 내 삶은

돌아보니
한 번뿐인
날들이었더라

조금
더 사랑해야겠다

멈출 수
없는 시간에

마지막으로
새겨질 오늘이니까

　　˚　˚　˚　˚　˚
　한 번뿐인 삶

덕분에
라고 감사할 때

행복은
피어나고

때문에
라고 원망할 때

미움은
싹트더라

사랑도
슬픔도

모두 내가
만든 것임을

말없이
흐르는
세상 안에서

세상은 그대로인데

가지지
못한 것에
대한 욕심이

가진
것에 대한
고마움을 잊게 하고

오지
않은 내일을
그리며

소중한
지금을
잃지 마세요

우리 삶에
당연한 건
단 하나도 없으니

삶을 되돌아보니

주고
받으려 하니

갈등이
생기고

더 많이
가지려 하니

세상은
아파오는 것

베풀며 살자

사랑은
give & forget
이라 믿으며

사랑은 베푸는 것

최선을
다한다는
것은

최고를
위한 것이
아닌

후회를
하지 않기
위함이지

단
한 번뿐인
내 삶에서

최선을 다하는 이유

Special Edition

제3장

고마운
독자 여러분께!

헌시

불어오는 바람에
호국 영령의 숨결은
내려앉고

남겨진 자의 슬픔은
유월의 구름 따라
그리운 듯 흩날린다

따스한 햇살 아래
사랑하는 이와
오늘을 살아가는 건

나라를 위해 희생한
그들의 아름다운
애국이었다

태극기 휘날리는
파란 하늘 아래

그들의 영혼이
가슴에 펄럭인다

- 현충일 기념 헌시

영웅을 그리며

보고 싶지만
함께한 추억이 있기에
같은 하루를 살아가기에
저는 괜찮습니다

볼 수 없어도
그 음성 들을 수 없어도
같은 마음인 걸 알기에
저는 괜찮습니다

함께한 시간보다
함께할 시간이
더 멀리 있을지라도
저는 괜찮습니다

다시 우린
만날 것을 알기에
기약 없는 기다림조차
설렘입니다

언젠가
함께할 그날이 오면
먼 산 보며 되새기던
"보고 싶다" 말 대신

"보고 싶었다" 하며
안아 줄 그날을 기다리며
오늘도 그대 없는 하루를
다시 또 살아갑니다

사는 이유가 그대라서

보고픈 그대
매일 그리워
하면서도

내리는 별빛만은
왜 그리 따스했는지

그땐 미처
알지 못했다

그대와
함께인 지금

비로소
나 깨닫는다

날 향한
그대 마음

별빛에
실어

늘 내게
비춰 주고
있었음을

어디서든
지금처럼

◦ ◦ ◦ ◦ ◦ ◦ ◦
마음만 함께라면

당신의 모습을
당신의 사랑을

당신의 모든 것을
그리워하는 사람이
있습니다

아파하지도
슬퍼하지도
괴로워하지도 마세요

그 사람이
바라는 것이
아닐 테니까요

그 사람은
그저 당신 웃음 하나면
행복할 테니까요

그게 작은
바람일 테니까요

바람이 불어오는 날
지나는 바람에 전해 주세요

덕분에 잘 지낸다고
함께하지 못해 미안하다고

사랑했다고

당신도 누군가의 그리움입니다

계절 따라
향기로운
꽃은 피어나고

그대 있기에
이 글도
태어납니다

늘 고마운 그대와
매일을 걷고
싶어요

이 시를
읽고 계신
당신과 함께

그댈 위한 시